BEI GRIN MACHT SICH IHR
WISSEN BEZAHLT

Vom Spannungsverhältnis der Hilfe und Kontrolle in der Profession Soziale Arbeit

Bibliografische Information der Deutschen Nationalbibliothek:

Die Deutsche Nationalbibliothek verzeichnet diese Publikation in der
Deutschen Nationalbibliografie; detaillierte bibliografische Daten sind
im Internet über http://dnb.d-nb.de abrufbar.

ISBN: 9783389020852
Dieses Buch ist auch als E-Book erhältlich.

Druck und Bindung: Books on Demand GmbH, Norderstedt Germany
Gedruckt auf säurefreiem Papier aus verantwortungsvollen Quellen

Das vorliegende Werk wurde sorgfältig erarbeitet. Dennoch
übernehmen Autoren und Verlag für die Richtigkeit von Angaben,
Hinweisen, Links und Ratschlägen sowie eventuelle Druckfehler keine
Haftung.

Das Buch bei GRIN: https://www.grin.com/document/1471907

„Vom Spannungsverhältnis der Hilfe und Kontrolle in der Profession Soziale Arbeit"

Modul 24 Disziplin, Profession, Interdisziplinarität, Kooperation

Wilhelmshaven, 30.09.2022

Sommersemester 2022

Inhaltsverzeichnis

1   EINLEITUNG .... - 1 -

1.1   PROBLEMSTELLUNG/ ERKENNTNISINTERESSE ....- 1 -
1.2   FRAGESTELLUNG UND ZIELSETZUNG ....- 1 -
1.3   AUFBAU DER ARBEIT ....- 2 -

2   BEGRIFFSBESTIMMUNGEN .... - 2 -

2.1   PROFESSION SOZIALER ARBEIT ....- 2 -
2.2   DOPPELTES MANDAT ....- 4 -

3   SPANNUNGSVERHÄLTNIS VON HILFE UND KONTROLLE .... - 5 -

4   PRAXISBEISPIEL .... - 7 -

4.1   BESCHREIBUNG DER SITUATION ....- 7 -
4.2   ANALYSE ....- 8 -
4.3   ALTERNATIVE HANDLUNGSSTRATEGIEN ....- 9 -

5   FAZIT .... - 10 -

LITERATURVERZEICHNIS .... - 11 -

ANHANG .... - 13 -

[Der Anhang ist aus urheberrechtlichen Gründen nicht im Lieferumfang enthalten.]

1 Einleitung

„Das doppelte Mandat entsteht unter anderem aus dem Umstand, dass die Soziale Arbeit eine „staatsvermittelte" Profession ist. Der Staat fungiert als Vermittlungsinstanz zwischen der Profession und ihrer Klientel, indem festgelegt wird, welchen Zielgruppen welche Leistungen und welche Ressourcen zuteilwerden. Dabei werden Bedürfnisse und Rechtsansprüche der Adressaten auseinanderdividiert: bearbeitet wird nicht jede Bedürfnisäußerung, sondern nur, was als Aufgabe der Sozialen Arbeit ausgehandelt und gesetzlich verankert ist." (Spiegel, 2018, S.26).

1.1 Problemstellung/ Erkenntnisinteresse

Ich bin seit Oktober 2021 als duale Studentin in einer Kinder- und Jugendwohngruppe tätig und konnte dort innerhalb des letzten Jahres viele wertvolle Erfahrungen sammeln, die mein Arbeiten prägen. Jedoch stoße ich immer wieder auf das Spannungsverhältnis von Hilfe und Kontrolle, mit dem sich Fachkräfte der Sozialen Arbeit befassen müssen. Es traten einige Praxissituationen auf, in denen ich Schwierigkeiten hatte, dieses Spannungsverhältnis zwischen dem Erbringen von Unterstützungsleistungen und dem Eingriff in die Lebenswelt der Adressat*innen einzuschätzen und damit umzugehen.

1.2 Fragestellung und Zielsetzung

Diese Unsicherheiten führten mich zu der Fragestellung dieser Hausarbeit, weshalb sich die Profession mit dem Spannungsverhältnis der Hilfe und Kontrolle auseinandersetzen muss. Denn dieses Doppelmandat stellt aus meinen Erfahrungen eine besondere Herausforderung für Sozialarbeiter*innen in der Praxis dar. Anhand einer Literaturanalyse werde ich im Folgenden deutlich machen, wie mächtig das Spannungsverhältnis in der Profession Sozialer Arbeit ist und aus welchen Gründen es so präsent ist. Da meine Praxiserfahrungen und der folgende Werdegang meines Studiums in der Kinder- und Jugendhilfe verankert ist, werde ich meinen Fokus in der Auseinandersetzung mit dem Spannungsverhältnis zwischen Hilfe und Kontrolle in auf die Kinder- und Jugendarbeit legen.

1.3 Aufbau der Arbeit

Beginnen werde ich die folgende Arbeit in Kapitel 2 mit zwei Begriffsbestimmungen. In der Definition der Profession Soziale Arbeit werde ich anfangs auf die Entstehung der Sozialen Arbeit anknüpfen, um zu verstehen, wo die Anfänge der Profession liegen und ab welchem Zeitpunkt der Professionsgeschichte der Sozialen Arbeit die Auseinandersetzung mit dem Spannungsverhältnis der Hilfe und Kontrolle begann. Anschließend definiere ich das doppelte Mandat. Diese Begriffsbestimmungen finden satt, um die zentralen Begriffe dieser Arbeit zu klären, Unklarheiten zu vermeiden und mein Verständnis dieser Begriffe aufzuzeigen. Im Anschluss setze ich mich im Kapitel 3 mit dem Spannungsverhältnis von Hilfe und Kontrolle in der Profession der Sozialen Arbeit auseinander und begründe, weshalb sich die Profession mit dem Spannungsverhältnis auseinandersetzen muss. In diesem Kapitel lege ich den Fokus auf die Kinder- und Jugendhilfe. In Kapitel 4 werde ich eine Situation aus meiner Praxis beschreiben, daraufhin die Situation analysieren und abschließend alternative Handlungsstrategien entwickeln. Diese Auseinandersetzung mit dem Praxisbeispiel werde ich anhand des Strukturkonzeptes der Praxisreflexion der Berufsakademie Wilhelmshaven durchführen, welches im Anhang zu finden ist. Außerdem werde ich einzelne kleine Beispiele nennen, die ich in der Praxis in der Kinder- und Jugendhilfe erlebt habe. Abschließend fasse ich in Kapitel 5 meine Erkenntnisse des Hauptteils, sowie die Beantwortung meiner eingeführten Problemstellung zusammen.

2 Begriffsbestimmungen

2.1 Profession Sozialer Arbeit

Die Besonderheit der Entstehung Sozialer Arbeit liegt darin, dass die Anfänge in privaten Tätigkeiten der Armenfürsorge, heute ehrenamtliche Tätigkeiten genannt, stattfanden (vgl. Helsper, 2021, S. 41). Seit Beginn des 19. Jahrhunderts wurde die Armenpflege ausschließlich von Männern als verpflichtetes Ehrenamt ausgeführt, von welchen schon damals gefordert wurde, Kinder, Arme und Waisen mit Disziplin und Erziehung zu beeinflussen, um sie auf die Schule und Arbeit auszurichten. Schon hier traten Spannungen zwischen Hilfe und Kontrolle auf, da neben der Hilfe in Form von Unterstützung, die Kontrolle in Form der Disziplinierung, die die Gesellschaft in Bezug auf Arbeit in die „Norm" lenken sollte, zu den Aufgaben zählten (vgl. Helsper, 2021, S. 42). Weitere Anfänge der beruflichen Arbeit traten 1900 in Form von Fürsorgern in Kraft, die in Familien das Wohl der Kinder kontrollierten. Außerdem wurde 1905 durch das Straßburger Modell ein Armenamt errichtet, an das sich Arme wenden konnten, um Hilfeleistungen zu bekommen, die von geschulten Berufsarmenpflegern zugewiesen wurden. Die pädagogische Arbeit, des erzieherischen Einwirkens und der Unterstützung blieb weiterhin bei den ehrenamtlichen Arbeitern (vgl. ebd.. S. 43,44). Im Jahre 1909 entstanden daraufhin Jugendämter, die neben der Armenpflege einen eigenen Bereich einnahmen (vgl. Helsper, 2021, S. 44). Die erste Form der Verberuflichung trat Ende des 19 Jahrhunderts im Rahmen von Verwaltungstätigkeiten ein (ebd. S. 44). Jedoch gründete Alice Salomon, auch die „Mutter der Sozialen Arbeit" genannt (vgl. Mennemann & Dummann, 2020, S.28), schon 1899 erste Kurse für die berufliche Ausbildung (vgl. Helsper, 2021, S. 46). Außerdem prägte sie die Frauenbewegung „Mädchen- und Frauengruppen für soziale Arbeit" und leitete mit ihrer Arbeit die Einführung der Berufsbezeichnung Sozialarbeiter ein. Seit den 1960er Jahren trat die Möglichkeit ein, die Qualifizierung an Fachhochschulen und später an Universitäten zu erlangen, wodurch die Arbeit von Sozialarbeiter*innen auf wissenschaftlichen Kenntnissen fundiert (vgl. ebd. S. 46,47). Letzteres veranlasste die Professionalisierung der Sozialen Arbeit, die anders als die meisten Professionen somit eine Professionsgeschichte von nur fast fünf Jahrzehnten durchlief (vgl. Mennemann & Dummann, 2020, S.28). Die Soziale Arbeit wird oft als Semi- Profession bezeichnet (vgl. Köngeter 2010, S. 80).

In den letzten Jahren hat sich die Soziale Arbeit laut Dewe & Stüwe zu einer modernen Profession entwickelt (vgl. Dewe & Stüwe, 2016, S. 11). Burkhard Müller spricht jedoch von der Professionalisierungsbedürftigkeit Sozialer Arbeit (vgl. Thole, 2012, S. 955). Profession meint den handlungs- und berufsbezogenen Ausschnitt der Sozialen Arbeit. Die Soziale Arbeit stützt auf ihrer Reflexion der professionellen Praxis und ihrem Praxisbezug und zieht ihr Wesen aus Konzepten, Methoden und Verfahren (vgl. Mennemann & Dummann, 2020, S. 21). Doch nur die professionelle berufliche Ausübung der Sozialen Arbeit, berechtigt sie nicht, sich als eine Profession zu definieren. Denn unter Profession versteht man nach Menneman & Dummann bedeutend qualifizierte Berufe (vgl. ebd., S.37). Die Profession steht laut Züchner und Cloos immer wieder vor der Frage, ob sie dem Anspruch des professionellen leistungsorientierten Systems entsprechen könne (vgl. Thole, 2012, S. 934). Der Sozialen Arbeit fehlen im Gegensatz zu anderen Professionen klare, vorgeschriebene Regeln und Systeme, nach denen gearbeitet werden kann. Sozialarbeiter*innen arbeiten mit der

Voraussetzung sich nicht auf klare institutionelle Vorgaben stützen zu können, sie müssen ihre eigenständige professionelle Anschauung unter verschiedensten Bedingungen veranschaulichen können (vgl. Lenz et al., 2014, S. 168). Immer wieder trifft Kritik auf die Soziale Arbeit, dass sie sich nicht als Profession bekennen kann, da ein Mangel an Definierbarkeit, Selbstorganisation, professionell verbundener Moral, begründeten Methoden, professionellem Fachwissen, sowie akademischen Verständnis herrscht (vgl. Dewe & Stüwe, 2016, S. 12). Trotz aller Kritiken gehört „Profession" zu einem gängigen Begriff in der Sozialen Arbeit und wird genutzt, um die hauptamtlichen Tätigkeiten zu beschreiben. Außerdem zeigen historisch orientierte Professionalisierungsstudien, dass in Deutschland beinahe alle Prozesse der Professionalisierung in Zusammenhang mit Leistungen des Wohlfahrtstaats oder staatlicher Ausbildungseinrichtungen und einer Lizenzierung stattfinden (vgl. ebd., S. 12 ff.). Soziale Arbeit kann auch als eine reine Dienstleistung insoweit ausgeschlossen werden, dass die Sozialarbeiter*innen von staatlich finanzierten Institutionen bezahlt werden und nicht von den Adressat*innen (vgl. Spiegel, 2018, S.27).

2.2 Doppeltes Mandat

Ein Mandat wird in jedem Beruf benötigt, mit dem Zweck, dass somit angenommen werden kann, dass gesellschaftliche Kenntnis darüber vorhanden ist, wofür und in welchen Arbeitsfeldern der entsprechende Beruf hilfreich und bedeutsam ist (vgl. Thole, 2012, S. 956). Allerdings existiert in der Sozialen Arbeit ein doppeltes Mandat, welches seit den 1990er Jahren thematisiert wird (vgl. Hünersdorf, 2010, S. 18). Das doppelte Mandat definiert den widersprüchlichen Zusammenhang zwischen Hilfe und Kontrolle (vgl. ebd., S.2,18). Es entwickelt sich auf der Grundlage, dass die Profession Soziale Arbeit Interventionen ausführt, die vom Staat vermittelt werden. Dieser bestimmt, welche Leistungen an welche Adressat*innen zugeteilt werden (vgl. Spiegel, 2018, S.26). Kontrolle meint in diesem Zusammenhang die Überprüfung des Verhaltens, welches den „gesellschaftlichen Normen" entsprechen sollte. Außerdem impliziert die Kontrolle zu prüfen, ob die gegebenen Hilfen von den Adressat*innen beansprucht werden und als zielführend wahrgenommen werden können. Folglich gehen mit der Kontrolle eine Angleichung und Wiederherstellung einher (vgl. Lutz, 2010, S.13).

„Als wohlfahrtstaatliche ermöglichtes Leistungsangebot war und ist der gesamten Kinder- und Jugendhilfe politisch und rechtlich auch ein Mandat der Sozialkontrolle zugewiesen." (Lenz et al., 2014, S.172)

Das doppelte Mandat stellt eine „doppelte Verpflichtung" für Fachkräfte dar (Bakic et al., 2007 S. 26). Sie arbeiten dadurch in einem Dreiecksverhältnis (vgl. Mennemann & Dummann, 2020, S. 47). Einerseits das Entsprechen gesellschaftlicher bzw. staatlicher Richtlinien, sowie die Erfüllung der Anforderung an das eigene fachliche Selbstverständnis (vgl. Bakic et al., 2007, S.26). Nach der professionstheoretischen Sichtweise ergänzen sich Hilfe und Kontrolle jedoch und stehen sich nicht entgegen. Sie müssten miteinander verknüpft werden, um einen Erfolg der Interventionen der Sozialen Arbeit sehen zu können. (vgl. Hünersdorf, 2010, S.3, 17).

Jedoch wird beim doppelten Mandat eine weitere Anschauung vernachlässigt, die Perspektive der Profession der Sozialen Arbeit selbst, somit entwickelt sich ein professionelles Trippelmandat. Die Soziale Arbeit nimmt eine eigenständige Rolle ein (vgl. (Luidold, o. D., S. 43). Außerdem stehen die Fachkräfte der Sozialen Arbeit mit der Profession zwischen den Auftraggeber und den Adresat*innen (vgl. ebd. S. 88).

3 Spannungsverhältnis von Hilfe und Kontrolle

Soziale Arbeit in der Kinder- und Jugendhilfe hat die Aufgabe, Hilfen zu erbringen, die problem- und bedürfnisorientiert an die Adressat*innen angepasst sind. Diese sind jedoch häufig an gesellschaftliche Erwartungen geknüpft, welche beispielsweise die Unterstützung zum eigenständigen Leben, aber auch die Anpassung an gültige soziale Normen beinhalten. Somit entsteht ein Spannungsverhältnis zwischen Hilfe und Kontrolle, dem Sozialarbeiter*innen ausgesetzt sind (vgl. Lenz et al., 2014, S.172). Bei dem Auftrag Sozialer Arbeit, die gesellschaftlichen normativen Vorstellungen zu bewahren, ist es entsprechend sehr wichtig, die Individualität der Adressat*innen zu achten (vgl. Hünersdorf, 2010, S. 16). Die soziale Kontrolle ist jedoch auch notwendig, da helfende Maßnahmen Schutz- und Überwachung beinhalten, die staatlich inszeniert ist (vgl. Böllert, 2017, S.220). Sozialarbeiter*innen treten in die Lebenswelten anderer Menschen ein, um eine Hilfemaßnahme durchzuführen, allerdings können Betroffene die Hilfen immer als kontrollierende Maßnahme wahrnehmen (vgl. Böllert, 2017, S.220). Dieser Eingriff in die private Lebenswelt der Adressat*innen, um durch eingreifendes Handeln staatliche Aufgaben umzusetzen, wird stellvertretende Deutung genannt (vgl. ebd., S. 221).

Der verantwortliche Umgang und die Auseinandersetzung der Fachkräfte mit dem doppelten Mandat sind unumgänglich, da Sozialarbeiter*innen die Bedürfnisse ihrer Adressat*innen vertreten, jedoch oft unbewusst die normativen Vorstellungen der Gesellschaft unterliegen (vgl. Spiegel, 2018, S.27). Somit ersteht als Sozialarbeiter*in hier die Notwendigkeit, sich damit zu befassen, welche Auffassung von „Normalität" für die Soziale Arbeit aktuell wesentlich ist und sich ein Bewusstsein darüber zu schaffen, dass die Praxis der Sozialen Arbeit auf Ausschließungsprozessen beruht (vgl. Kessl & Plößer, 2010, S. 124).

Soziale Arbeit handelt in ihrer gesellschaftlichen Funktion keineswegs alleine an den Bedürfnissen ihrer Adressat*innen orientiert, sondern immer in einer Diskrepanz zwischen den Bedürfnissen der Adressat*innen, des Staates und der eigenen Person (vgl. Anhorn et al., 2012, S.135). Spannung von Hilfe und Kontrolle wird seit den 1970er Jahren als ein „Grundwiderspruch" verstanden. Nach Spiegel wird den Fachkräften die Entscheidung zwischen der Kontrolle, der Identifikation mit der staatlichen Instanz und der Hilfe, das Berücksichtigen der Bedürfnisse der Adressat*innen abverlangt (vgl. Spiegel, 2018, S.26)

In der Kinder- und Jugendhilfe ist das Elternrecht für die Thematik der Hilfe und Kontrolle sehr relevant, da die Eltern entsprechend der Grundrechte das Recht der Abwehr der staatlichen Interventionen haben. Jedoch ist das Elternrecht mit der Elternverantwortung verbunden, da das Elternrecht nach der Auffassung agiert, dass das Interesse der Eltern im Wohl des Kindes liegt (vgl. Böllert, 2017, S.222). Denn wie im Achten Sozialgesetzt Buch §1 Recht auf Erziehung, Elternverantwortung und Jugendhilfe in Absatz 2 aufgeführt: „Pflege und Erziehung der Kinder sind das natürliche Recht der Eltern und die zuvörderst ihnen obliegende Pflicht. Über ihre Betätigung wacht die staatliche Gemeinschaft." (§ 1 SGB 8 - Einzelnorm, o. D).

Hilfe und Kontrolle sind in die Kinder- und Jugendhilfe ein Verfahren, das nicht unabhängig voneinander besteht. Es ist ein Bestandteil der Sozialen Arbeit in der Kinder- und Jugendhilfe und hat das Ziel, die für die Erziehung erforderlichen Kompetenzen der Elternteilen wieder herzustellen. Hierfür ist die Kooperationsbereitschaft der Eltern notwendig. Diese Bereitschaft wird mit verschiedenen Drohungen und Interventionen erzeugt (vgl. ebd. S. 223ff.). Laut Böllert wird das in der kritischen Jugendhilfe als Widerspruch bevormundender Fürsorge dargestellt (Böllert, 2017, S.224). Interventionen der Jugendhilfe werden also häufig durch Zwänge, durch gesellschaftlichen Druck oder durch Einfluss des Jugendamtes, bei dem Erziehungsberechtigten „freiwillig" zustimmen, durchgeführt (vgl. ebd., S.230). Das Spannungsverhältnis zwischen Hilfe und Kontrolle wird präsent bleiben, es gilt die Hilfen zu stärken, jedoch wird die Kontrolle aufgrund von institutionellen Aufgaben, die gesetzlich verankert sind, bestehend bleiben (vgl. Hünersdorf, 2010, S.18).

4 Praxisbeispiel

Im Folgenden werde ich eine Praxissituation anhand des Strukturkonzeptes der Praxissituation der Berufsakademie Wilhelmshaven beschreiben, analysieren und im Anschluss alternative Handlungsstrategien entwickeln.

4.1 Beschreibung der Situation

Die Situation fand in der Praxisstelle, in der ich den praktischen Teil meines Studiums der Sozialen Arbeit absolviere, statt. Zu den Rahmenbedingungen, ich arbeite seit Oktober 2021 in einer Kinder- und Jugendwohngruppe mit 9 Bewohner*innen im Alter von 10 bis 17 Jahren, darunter eine Inobhutnahme.

Am Tag der Situation war ich mit zwei Kolleg*innen im Dienst, die beide ebenfalls das Duale Studium an der Berufsakademie Wilhelmshaven absolvieren, eine Person aus dem Kollegium im vierten und die andere, wie ich, im zweiten Semester. Das Teammitglied aus dem vierten Semester, welches ich im Folgenden Jule nennen werde, hatte den Nachtdienst und die Person des Teams aus dem zweiten Semester, im Folgenden Katharina, hatte wie ich einen Tagdienst. Eine weitere betreuende Person der Wohngruppe, die den Nachtdienst am Vortag hatte, berichtete in der Übergabe von einem Telefonat mit einem Jugendamt. Es hieß, im Laufe des Tages würde ein UMA (unbegleiteter minderjähriger Ausländer) als Neuaufnahme bei uns in der Wohngruppe ankommen. Im weiteren Verlauf des Tages erhielte wir erneut einen Anruf. Dieser erfolgte erneut vom benannten Jugendamt, um uns mitzuteilen, dass eine Fachkraft der Einrichtung, in der der Jugendliche vorher wohnhaft war, dem Jugendlichen, den ich im Folgenden Paul nennen werde, zum Bahnhof gebracht hat. Paul sollte den Zug nehmen, um in unsere Einrichtung zu kommen. Das Jugendamt berichtete jedoch, dass die Fachkraft am

Bahnhof kurz Geld wechseln wollte und Paul in der Zeit weggelaufen und nicht auffindbar wäre. Das Jugendamt ging nicht davon aus, dass er noch in der Wohngruppe ankam. Wir sollten

uns zurückmelden, falls Paul doch noch bei uns ankam. Einige Zeit später rief das Jugendamt erneut bei uns an und äußerte erneut, dass sie nicht davon ausgehen, dass Paul noch bei uns ankommen würde. Im Folgenden wurde wortwörtlich gesagt: „Wenn ... heute nicht mehr kommt, geben Sie mir bitte Bescheid, dann werde ich Ihnen ...2 schicken, wir haben nämlich noch einen Zweiten und dann werden die Plätze frei." Das Jugendamt konnte uns aber auch von keinem der Jugendlichen ausführliche Daten schicken, erst später erhielten wir die Daten, um Paul in dem Fall, dass er nicht in der Wohngruppe ankommen würde, bei der Polizei abgängig melden zu können. Nach der Aussage des Jugendamtes, dass sie uns dann Nummer 2 schicken würden, waren ich und meine Kolleg*innen sehr geschockt. Ich empfand die Situation als wenig wertschätzend den Adressat*innen gegenüber und fühlte mich mit der Situation nicht wohl. Wir blieben im stetigen Austausch mit einer Fachkraft der Wohngruppe. Im Endeffekt kam Paul nicht bei uns an, Jule meldete Paul bei der Polizei als abgängig, jedoch schickte das Jugendamt auch kein weiteres Kind, da zwei Tage später der Platz von einem anderen Jugendlichen besetzt wurde. Ich hatte noch längere Zeit viele Gedanken an diese Situation, da ich es als unverständlich und nicht wertschätzend empfand.

4.2 Analyse

Meine Kolleg*innen uns ich konnten in der Situation nicht anders handeln. Wir konnten den Jugendlichen nicht aufnehmen, da er nicht ankam und es gab keine anderen Möglichkeiten als am Abend die Polizei zu informieren und am nächsten Tag den Platz wieder frei zu melden. Wir konnten unserem Auftrag, Hilfen zu erbringen, die problem- und bedürfnisorientiert an die Adressat*innen angepasst sind, nicht nachgehen.

Die Mitarbeiter*innen des Jugendamtes handelten in ihrem Auftrag. Viele Mitarbeitende in Jugendämtern haben sehr viele „Fälle", um dessen Bedürfnisse sie sich kümmern müssen, weshalb hier höchstwahrscheinlich so gehandelt wurde und sie sind letztendlich auch nur Marionetten des Systems und unterliegt der Kontrolle ihres Auftragsgebers. Sie erhalten ihren Auftrag vom Staat und müssen diesen erfüllen.

4.3 Alternative Handlungsstrategien

Der wichtigste Punkt in der Kinder- und Jugendhilfe ist die Wahrung der Sicherheit der Kinder und Jugendlichen, somit sollte das die höchste Priorität der Fachkräfte der Sozialen Arbeit sein. Jedoch leidet die Qualität der Arbeit häufig an fehlenden personellen und zeitlichen Ressourcen. Somit wäre es wichtig, das Personal in Jugendämter und allgemein allen Bereichen der Sozialen Arbeit aufzustocken, somit würden die zeitlichen Ressourcen ebenfalls verbessert werden, da die mitarbeitenden Personen sich mehr Zeit für die einzelnen Adressat*innen nehmen könnte. Jedoch kommt zu den sowieso schon geringen personellen und zeitlichen Ressourcen in der Kinder- und Jugendhilfe auch noch eine Steigerung der Zahl der Adressat*innen, somit besteht noch weniger Zeit für die Bearbeitung der individuellen Lebensgeschichten der Adressat*innen. Ich denke, dass Öffentlichkeitsarbeit notwendig ist, um auf die Soziale Arbeit aufmerksam zu machen und somit eventuell Spendengelder zu generieren, da die finanziellen Mittel in der Sozialen Arbeit ebenfalls begrenzt sind und das könnte beispielsweise die Kürzung des Personals bedeuten, obwohl das das Problem noch schlimmer machen würde.

Sozialarbeiter*innen sollten sich auch politisch engagieren, um mögliche Änderungen zu bewirken.

Wichtig ist es, dass für alle Fachkräfte der Sozialen Arbeit immer der Schutz der Kinder und Jugendlichen an erster Stelle steht.

Ein weiteres Praxisbeispiel ist, dass wir als Betreuer*innen den Kindern und Jugendlichen der Wohngruppe sagen, sie sollten keine Jogginghosen oder zu ausfällige Schminke in der Schule tragen. Der Grund dafür ist, dass Kindern und Jugendlichen, die in Wohngruppen leben aus unserer Erfahrung schon ziemlich viele Vorurteile zugeschrieben werden. Wir möchten den Kindern somit die Schulzeit „erleichtern", damit sie nicht genau den gesellschaftlichen Vorstellungen von Kindern und Jugendlichen aus Wohngruppen entsprechen und besser in die „Norm" passen. Diesen Grund nennen wir den Bewohner*innen natürlich nicht direkt, jedoch schränken wir die Kinder und Jugendlichen damit in ihrer Entfaltung und Erprobung ihres Geschmackes und auch ihrer Persönlichkeit ein, damit sie besser in die normativen Gesellschaftsbilder passen. Außerdem gab es einen Fall, bei dem wir Betreuer*innen zu zweit das Zimmer einer Jugendlichen nach einem Zweithandy durchsuchen mussten, da ihr vom

Jugendamt der Kontakt zu ihren Erziehungsberechtigten untersagt wurde, jedoch der Verdacht bestand, dass sie auf besagtem Handy Kontakt zu ihrer Mutter hatte. Somit gab es ein massives Eindringen in ihre Privatsphäre und ihren Lebensraum, doch wir als Fachkräfte der Sozialen Arbeit mussten unserem Auftrag nachgehen und kontrollieren, ob dieser Verdacht der Wahrheit entsprach und gegebenenfalls eingreifen.

5 Fazit

Die Profession Soziale Arbeit wird immer wieder mit dem Spannungsverhältnis von Hilfe und Kontrolle konfrontiert und muss sich damit auseinandersetzen. Das doppelte Mandat definiert den widersprüchlichen Zusammenhang zwischen Hilfe und Kontrolle. Soziale Arbeit muss ihre Hilfen an die Bedürfnisse und Interessen ihrer Adressat*innen anpassen, jedoch müssen sie auch eine gesellschaftliche Funktion erfüllen. Unter diese gesellschaftlichen Funktionen fallen beispielsweise auch die Anpassung an gesellschaftliche Normen. Es ist wichtig, dass Sozialarbeiter*innen sich mit den aktuellen „Normativitätsvorstellungen" in der Sozialen Arbeit befassen und sich darüber bewusst werden, dass immer wieder Ausschließungsprozesse stattfinden. Außerdem fällt unter die Kontrolle die Prüfung, ob die gegebenen Hilfen von den Adressat*innen beansprucht werden und als zielführend wahrgenommen werden können.

Die soziale Kontrolle ist jedoch auch notwendig, da helfende Maßnahmen Schutz- und Überwachung beinhalten. Deshalb müssen sich Fachkräfte der Sozialen Arbeit damit auseinandersetzen, dass sie in die Lebenswelten ihrer Adressat*innen eindringen, diese respektieren und nach ihren Bedürfnissen handeln müssen. Denn in der Kinder- und Jugendhilfe ist das Wohl des Kindes immer an erster Stelle.

Die Soziale Arbeit muss sich mit dem doppelten Mandat befassen, da sie dem Auftrag des Staates unterliegen und dieser Gesetze und Regeln vorschreibt, die in der Sozialen Arbeit als Kontrolle verstanden werden können. Das Spannungsverhältnis ist, sich darüber bewusst zu werden, dass das Doppelte Mandat existent ist und in der Zukunft bleiben wird. Sozialarbeiter*innen müssen somit in diesem Spannungsverhältnis agieren, obwohl es häufig nicht mit ihrem eigenen fachlichen Selbstverständnis von der Profession Soziale Arbeit vereinbar ist.

Literaturverzeichnis

§ 1 SGB 8 - Einzelnorm. (o. D.). Abgerufen am 29. September 2022, von
https://www.gesetze-im-internet.de/sgb_8/__1.html

Anhorn, R., Bettinger, F., Horlacher, C. & Rathgeb, K. (2012, 10. November). *Kritik der
Sozialen Arbeit - kritische Soziale Arbeit (Perspektiven kritischer Sozialer Arbeit, 12,
Band 12)* (2012. Aufl.). VS Verlag für Sozialwissenschaften.

Bakic, J., Diebaecker, M. & Hammer, E. (2007, 26. Oktober). *Aktuelle Leitbegriffe der
Sozialen Arbeit: Ein kritisches Handbuch Band 1 Neuauflage* (2.,). Löcker Verlag.

Böllert, K. (2017). *Kompendium Kinder- und Jugendhilfe* (1. Aufl. 2018). Springer VS.

Dewe, B. & Stüwe, G. (2016, 9. Juni). *Basiswissen Profession: Zur Aktualität und kritischen
Substanz des Professionskonzeptes für die Soziale Arbeit. In memoriam Wilfried
Ferchhoff (Grundlagentexte Soziale Berufe)*(1. Aufl.). Beltz Juventa.

Helsper, W. (2021, 11. Januar). *Professionalität und Professionalisierung pädagogischen
Handelns: Eine Einführung*(1. Aufl.). utb GmbH.

Hünersdorf, B. (2010). Hilfe und Kontrolle in der Sozialen Arbeit. *Enzyklopädie
Erziehungswissenschaft Online. Fachgebiet Soziale Arbeit.*

Kessl, F. & Plößer, M. (2010). *Differenzierung, Normalisierung, Andersheit: Soziale Arbeit
als Arbeit mit den Anderen (Pädagogik und Gesellschaft) (German Edition)
(Pädagogik und Gesellschaft, 2, Band 2)* (1. Auflage). VS Verlag für
Sozialwissenschaften.

Kögeter, S. (2010). Sozialpädagogische Professionsforschung. In *Soziale Arbeit im
Wissenschaftssystem. Von der Fürsorgeschule zum Lehrstuhl.* VS Verlag für
Sozialwissenschaften.

Lenz, B. R., Busse, S., Ehlert, G. & Müller-Hermann, S. (2014, 19. Dezember). *Bedrohte
Professionalität: Einschränkungen und aktuelle Herausforderungen für die Soziale
Arbeit (Edition Professions- und Professionalisierungsforschung 3)* (2015. Aufl.).
Springer VS.

Luidold, L. (o. D.). *Profession Soziale Arbeit! : die Stellung der Sozialen Arbeit in der Gesellschaft und deren Schwierigkeiten im Handlungsfeld Kinder- und Jugendhilfe* [Masterarbeit]. Karl-Franzens-Universität Graz.

Lutz, R. (2010, 9. Dezember). *Das Mandat der Sozialen Arbeit* (2011. Aufl.). VS Verlag für Sozialwissenschaften.

Mennemann, H. & Dummann, J. (2020, 5. März). *Einführung in die Soziale Arbeit (Studienkurs Soziale Arbeit, Band 3)*(3., aktualisierte und erweiterte). Nomos.

Spiegel, H. (2018). *Methodisches Handeln in der Sozialen Arbeit: Grundlagen und Arbeitshilfen für die Praxis* (6. Aufl.). utb GmbH.

Thole, W. (2012). *Grundriss Soziale Arbeit: Ein einführendes Handbuch* (4. Aufl.). VS Verlag für Sozialwissenschaften.

Anhang

[Der Anhang ist aus urheberrechtlichen Gründen nicht im Lieferumfang enthalten.]

Strukturkonzept der Praxisreflexion

Zur Verfügung gestellt von der Berufsakademie Wilhelmshaven